AF312929

SOCIÉTÉ

DES AMIS DE LA LIBERTÉ ET DE L'ÉGALITÉ.

Séante aux ci-devant Jacobins St.-Honoré, à Paris.

DISCOURS

DE CLAUDE BASIRE,

*Vice-président du comité de surveillance
à la convention nationale,*

*S U R l'état actuel de notre situation politique,
au centre des affaires;*

PREMIÈRE PARTIE,

*L U E à la société, dans la séance du 4 novembre 1792,
l'an premier de la république.*

SOCIÉTÉ

DES AMIS DE LA LIBERTÉ ET DE L'ÉGALITÉ,

Séante aux ci-devant Jacobins Saint-Honoré, à Paris.

DISCOURS

De Claude Bazire, vice-préfident du comité de furveillance à la convention nationale,

Sur l'état actuel de notre fituation politique, au centre des affaires.

PREMIÈRE PARTIE,

Lue à la fociété, dans la Séance du 4 novembre 1792, l'an 1er de la république.

Citoyens,

Ils ne font plus ces temps malheureux où la forme anéantiffoit le fond ; où la lettre tuoit l'efprit ;

où la liberté publique fuccomboit évidemment fous une difpute de mots.

Plus de barrières à la raifon; plus de bornes au génie: le régime conftitutionnel eft détruit, & l'homme d'état a vu fuir devant lui la méprifable horde des praticiens.

Pourquoi les amis de la liberté & de l'égalité gémiffent-ils donc toujours ? D'où peuvent venir tant d'obftacles à la prompte régénération de l'empire ?

Effayons de réfoudre cette queftion ; remontons à la caufe première des troubles qui nous agitent ; en donner l'hiftoire impartiale, c'eft diffiper les preftiges dont ils fe fortifient , c'eft y provoquer un terme.

L'on fe rappelle ces jours d'une trompeufe efpérance, où Briffot , quelques députés du département de la Gironde & plufieurs membres de la légiflature , croyant avoir conquis la perfonne de Louis XVI & les rênes du gouvernement, firent appeller des *Jacobins* au miniftère.

Pendant la courte durée de ce crédit éphémère, libres difpenfateurs de tous les emplois à la nomination du roi , ils en éloignèrent, avec une affecta-tion marquée , tous les patriotes connus par une grande énergie, d'une trempe d'ame peu commune, & qui avoient effuyé d'honorables perfécutions pour

(5)

l'établiffement de la liberté. Ils leur préférèrent
ouvertement des êtres nuls, dont ils pouvoient fe
flatter de difpofer à leur gré, & les négociations
diplomatiques, le commandement des armées,
l'adminiftration des finances de l'état ; toutes les
places importantes devinrent le partage d'une foule
d'hommes nouveaux, & même de quelques hommes
juftement fufpects.

Les chauds partifans de l'égalité ne virent pas
fans étonnement des choix auffi honteux : ils en
témoignèrent leur mécontentement. Au premier
bruit de ces murmures, avant-coureurs d'une violente fciffion, les dominateurs rallièrent toutes
leurs créatures, s'environnèrent d'un grand nombre
d'afpirans aux faveurs de la cour, & bientôt ils
formèrent, avec tout ce qu'il pouvoit y avoir de
vil dans les fociétés patriotiques, une coalition
très-redoutable.

Le paifible obfervateur, qui penfoit voir triompher la caufe populaire jufques dans le confeil du
roi, eut la douleur de reconnoître que le trône étoit
encore invefti par une faction nouvelle. Ce n'eft pas
affurément qu'il craignît la réunion de ces hommes
du jour au parti de l'ariftocratie, à celui des feuil-
lans, ou de quelques autres fectes également ré-
prouvées par l'opinion : de tels élémens étoient véritablement trop incompatibles pour fe confondre ;

mais il étoit poſſible que ces dépoſitaires peu dé-
licats de la puiſſance publique, ſatisfaits d'un état
de choſes auſſi favorable à leur ambition, & qui
leur devenoit chaque jour plus néceſſaire pour
réſiſter aux ennemis déclarés, comme aux amis
ardens de la liberté, ſongeaſſent à s'y perpétuer,
en prolongeant le ſommeil du peuple, & qu'ils
parvinſſent à retarder l'établiſſement de la république, ou que, victimes eux-mêmes de leur propre
cupidité, ils laiſſaſſent imprudemment arriver le
jour de la contre-révolution.

Cette conjecture naturelle pour l'homme dégagé
de tout intérêt perſonnel, reçut une extenſion pro-
digieuſe dans l'eſprit de quelques patriotes, à qui
de nombreux ſervices & des talens réels donnoient
des droits inconteſtables aux fonctions les plus importantes, & que l'on en avoit ſcandaleuſement
privés.

Soit que le reſſentiment les eût aveuglés ſur le
compte des coaliſés, ſoit qu'ils ne vouluſſent pas
faire connoître nettement au peuple les motifs de
leur diviſion, & qu'ils cruſſent devoir en chercher
de plus honorables dans la choſe publique, ils ne
leur reprochèrent que foiblement leur avidité &
l'appétit de la domination; mais ils les accuſèrent
de conſpirer avec les partiſans de l'ancien régime.

La guerre fournit une ample matière à ces

malheureux débats dans la fociété des Jacobins ,
où la fermentation des efprits étoit à fon comble :
& cependant, il ne régnoit pas plus d'harmonie
dans le confeil du roi. Dumourier commençoit à
déployer plus de caractère que l'on ne fe l'étoit ima-
giné d'abord. Il n'aimoit point à voir des légiflateurs
préfider defpotiquement à tous les détails de l'exécu-
tion , & prétendit qu'étant perfonnellement refponfa-
ble , il devoit gérer lui-même les affaires de fon département , & procéder librement au choix de fes
agens. Cette opinion très-raifonnable partagea le
miniftère ; & la cour , qui n'avoit eu d'autre but
que de divifer les patriotes & de jetter le trouble
dans les fociétés populaires, voyant tous fes fouhaits
accomplis , congédia d'abord les créatures de
Briffot, & fucceffivement tous les miniftres jacobins.

La coalition fit aifément paffer fes regrets à la
nation, par le décret rendu en faveur de Rollan ,
Clavière & Servan ; mais fes projets de vengeance
contre Dumourier échouèrent devant l'impaffible
équité des bons citoyens.

Là , fe termine cette comédie d'une révolution
à la cour ; là, s'anéantit l'abus de cette puiffance
momentanément abandonnée au peuple par l'ariftocratie , & que des intrigans avoient intercepiée.

La machine du gouvernement fort des mains de
la portion la plus avide des patriotes , & la dif-

penfation des places eft rendue à la fecte feuil-lantine.

Il eft très-remarquable qu'à dater de cette épo-que , les difcuffions perdirent infiniment de leur chaleur à la fociété des Jacobins. L'on fe jura paix & fraternité. L'on parvint à fe rallier fur beaucoup d'objets. Chacun convint aifément qu'il falloit fe réunir contre l'ennemi commun. L'on fentoit, en général , la néceffité d'une révolution ; & fi l'on différoit fur l'époque & fur les moyens , tout au moins eft-il vrai que l'on provoquoit de toutes parts le réveil de la nation. Il arrive, & la mé-morable journée du 10 août rend enfin au peuple toute fa fouveraineté , & , à fes intrépides défen-feurs , l'efpoir de figurer , comme fes agens , dans toutes les branches du gouvernement.

C'eft alors que la coalition & les patriotes qu'elle avoit repouffés , reprennent toute leur animofité.

Les divifions renaiffent , & l'on s'attaque réci-proquement, avec fureur, pendant les derniers jours de la légiflature.

Les Parifiens , témoins de tous les événemens qui avoient précédé , & juges naturels de ce grand procès, refufent de porter à la convention natio-nale Briffot & fes affociés ; & s'ils ont eu le tort de profcrire, avec eux, Condorcet & quelques citoyens fort eftimables, c'eft que , dans un choc auffi vio-

lent d'opinions, il eſt aſſez ordinaire de les outrer
de part & d'autre ; mais les chefs de la coalition,
qui ſavent combien de défauts diſparoiſſent dans
l'éloignement , puiſſamment ſecondés par le mi-
niſtre de l'intérieur , font jouer tous les reſſorts ima-
ginables dans les divers départemens , pour obtenir
des ſuffrages : ils y réuſſiſſent. La convention eſt
aſſiſe : les prétentions des deux partis tiennent eſſen-
tiellement à ſurprendre ou à ſe concilier , le plutôt
poſſible, l'eſtime de la majorité nouvellement arrivée
des départemens ; & c'eſt en ſe démaſquant , ou
en ſe détruiſant devant cette maſſe reſpeɕtable ,
que l'on veut y parvenir : cependant , les griefs
ſur leſquels ſe fondent les adverſaires de la coalition ,
ne ſont pas de nature à frapper ſubitement tous les
eſprits : les véritables patriotes ſont d'ailleurs , en
général , moins aɕtifs que les intrigans qui s'embar-
raſſent encore très-peu du choix des moyens. Forts
de leur conſcience , des hommes bien intentionnés
mépriſent l'établiſſement de toute eſpèce de taɕtique ,
& répugnent à ſe rallier pour concerter des plans
de conduite. Ils attendent tranquillement le jour
inévitable de la raiſon , devant lequel tous les fan-
tômes diſparoiſſent , & toutes les faɕtions s'anéan-
tiſſent.

Cette molleſſe de la vertu , que je regarde comme
très-coupable parmi les hommes publics , laiſſe à la

cupidité le temps de faire quelquefois beaucoup de mal , & les coalifés en ont bien fu profiter. Déjà ils ont mis la république en péril ; ils font devenus une plaie très-profonde de l'Etat.

Voyons comment ils ont acquis cette funeste influence.

Une révolution eft toujours une chofe hideufe dans fes détails. C'eft dans fon enfemble , & dans fes conféquences pour la régénération de l'Empire , que l'homme d'Etat doit fur-tout l'envifager ; & s'il fe trouve douloureufement affecté par le fpectacle affligeant de quelques fouffrances particulières , il en eft fuffifamment dédommagé par les jouiffances inexprimables que donne le fentiment de la bienveillance univerfelle.

Lorfque les habitans d'une cité populeufe infurgent tous à la fois contre une faction redoutable , il eft impoffible qu'il ne fe trouve au milieu d'eux quelques hommes bien atroces , qui profitent des troubles inféparables d'une auffi grande crife pour affouvir leur férocité : & ce n'eft pas dans ces convulfions terribles de la fociété qu'il faut s'attendre à voir régner l'ordre & les bonnes difpofitions qui font le charme d'une fête civique.

Voilà ce que la raifon dit à celui qui ne veut confulter qu'elle. Mais les coalifés ont bien d'autres guides ; l'intérêt & les paffions ne fauroient puifer dans une fource auffi pure.

La révolution s'est faite à Paris ; elle est principalement l'ouvrage de leurs adverfaires, qui pourroient s'en faire honneur ; ils ont befoin , pour reprendre leur attitude ministérielle , de terrafler des hommes aufli énergiques , aufli probes, & dont ils font connus. Ils ont à fe venger de Paris , qui a fu les apprécier , & fur-tout à s'éloigner promptement de ce foyer de lumières & de patriotifme, pour affeoir plus folidement leur domination , & brifer tous les obftacles à leurs projets de fortune.

Ainfi cette belle révolution , que nous devions tous célébrer à l'envi, est devenue, pour ces intrigans, une mine féconde de déclamations calomnieufes contre fes auteurs.

Tout ce qu'elle préfente de malheureux dans fes détails , leur fournit matière à des tableaux révoltans pour l'humanité, dont le but eft de provoquer une violente indignation contre les hommes qui en ont tracé les plans d'enfemble , & contre le peuple qui a eu le courage de l'opérer.

Fera-t-on ainfi fupporter aux généraux de nos armées tous les brigandages que peuvent exercer quelques-uns de nos maraudeurs ? Briflot, qui fit triompher le fyftême de la guerre, fera-t-il fupplicié pour l'incendiaire Jarry? & nos troupes doivent-elles être décimées , en expiation des maux inféparables de la violence des combats?

A 6

Des réflexions fi naturelles n'échapperoient pas, fans doute , aux membres de la Convention Nationale , fi les intrigans leur laiffoient le temps de refpirer. Mais nos perfides tacticiens , profondément verfés dans la connoiffance du cœur humain , & très-exercés au grand art de manier les affemblées nombreufes, vont droit à leur but. Ils excitent vivement la fenfibilité , profitent de l'exaltation fubite de tous les efprits, & font clore la difcuffion par des vociférations adroitement combinées , & le manège du bureau.

Les imputations fe fuccèdent avec cette rapidité qui ne laiffe pas le temps d'en méditer paifiblement aucune. Et déjà les plus zélés patriotes paffent, dans la Convention, pour des monftres dont elle a befoin de fe-purger ; & les Parifiens , pour un peuple de cannibales, dont il faut s'éloigner, ou contre lequel il faut s'armer.

Ce qui aggrave encore le malheur de notre fituation politique , c'eft que plufieurs députés méridionaux ; dont le vœu pour l'établiffement des républiques fédératives eft mal déguifé, appuient fortement ce fyftême de diffamation de la ville de Paris , pour infpirer à tous les départemens la volonté de fe féparer de cette grande commune , & plutôt que de foumettre loyalement à la difcuffion une queftion de cette importance. C'eft en fecouant les torches de la guerre civile ; c'eft par des fecouffes violentes, & des défordres incalculables qu'ils prétendent nous forcer la main, & faire triompher leur opinion.

De-là ces perfonnalités allarmantes , aux yeux mêmes de ceux qui ne favent pas encore combien elles font criminelles ; de-là ces conteftations interminables qui troublent toutes les féances de la Convention Nationale ; de-là cette foule de décrets inconféquens , dangereux, & liberticides arrachés aux repréfentans du peuple , dans les élans d'un enthoufiafme que l'on eft réduit à déplorer l'inftant après.

Je ne m'attacherai point à relever ici tant de traits de perfidie , tant de funeftes erreurs. Je me bornerai à faire quelques obfervations fur la ville de Paris , qui prouveront combien la majorité doit fe mettre en garde contre les piéges que l'on tend à fa vertu , contre les furprifes qu'on veut lui faire éprouver , les préventions cruelles que l'on s'obftine à lui fuggérer, & les vues dans lefquelles l'on emploie de femblables manœuvres.

Quel eft le but de cette terreur que l'on prétend nous infpirer des Parifiens ?

Les membres de la Convention , qui vivoient dans des contrées lointaines , abufés par des récits impofteurs , auroient pu , fans m'étonner , jeter ce cri d'allarmes ; mais de la part de Briffot, & de quelques députés réélus, témoins, ainfi que moi, des faits récemment paffés fous nos yeux ; il faut le dire, ces ridicules frayeurs décèlent évidemment une infigne mauvaife foi, & des difpofitions très-criminelles : auffi n'eft-ce pas pour eux que je prends la peine de dire la vérité fur les habitans de Paris, & je ne m'étendrai pas beaucoup fur cet article, parce que la contenance paifible de cette cité dément chaque jour les affertions calomnieufes des factieux.

Pour nous faire une idée jufte des Parifiens, voyons comment ils en ont agi dans ces derniers temps, à trois époques très-rapprochées l'une de l'autre

Le 10 août, le falut public exige l'anéantiffement de la cour : il faut précipiter, par cet acte de vigueur, l'établiffement de la république, pour empêcher la contre-révolution ; tous les dangers difparoiffent devant l'intérêt preffant de la patrie ; La ville entière fe met en infurrection, & fupporte courageufement le fardeau de la guerre civile.

Le 2 feptembre, le bruit fe répand que l'on égorge les prifonniers, & l'on fe demande, fi de tels ennemis de la liberté, qui, depuis quatre ans, ont attiré fur leur malheureufe patrie les fléaux de la famine, des diffentions inteftines & de la guerre,

méritent que l'on aille expofer fa vie pour les de-
fendre ; fi l'on doit , pour eux , fufiller des frères
égarés par un faux zèle , aigris par de longues fouffrances ; & encore , s'il feroit prudent de conferver
des hommes auffi dangereux , lorfque l'ennemi s'a-
vance : l'on délibère , & , pendant ce temps , le
meurtre fe confomme.

Peu de jours après , l'on affure qu'il exifte un
projet d'affaffiner des citoyens paifibles , pour des
nuances affez légères d'opinions , & même de
frapper des membres de l'affemblée nationale qui
avoient abufé de la confiance de leurs commettans.
Le peuple fe rend en foule à fes diverfes fections ;
l'on double les patrouilles , l'on forme des corps de
réferve , & les furieux n'ofent plus fe montrer.

Ainfi , dans le cours de notre dernière révolution , pour terraffer le defpotifme , Paris brave
tous les dangers. S'agit-il d'arracher quelques mons-
tres à la vengeance populaire ? il héfite. Menace-
t-on les repréfentans du peuple ? veut-on commettre
quelques meurtres inutiles à la chofe publique ? Paris oppofe une victorieufe réfiftance.

Mais comment la matinée du 10 août a-t-elle pu
fortir fi-tôt de notre mémoire? Pourquoi femble-
t-on l'avoir oubliée? La cour venoit de faire aux
citoyens une guerre cruelle; le peuple étoit debout ;
fes plaies faignoient encore après la victoire ; cha-

cun pleuroit un père, un frère, un ami, une épouſe chérie, des enfans d'une belle eſpérance. C'étoit le moment de la plus forte indignation contre Louis XVI, & celui de la plus juſte de toutes les vengeances. Ce tigre royal ſe met, avec ſa famille abhorrée, ſous la ſauve-garde de l'aſſemblée nationale, qui n'avoit d'autre égide que le reſpect que lui portent les Pariſiens. Perſonne ne tente de violer cet aſyle éternellement révéré, & cent cinquante Suiſſes, qui venoient de faire ſur le peuple un feu long & meurtrier, y trouvent encore leur ſalut.

Dans les peintures amères que l'on nous fait chaque jour de la cataſtrophe des priſons, pourquoi ne parle-t-on jamais de la ſublime délivrance de Jouneau, notre collègue à la légiſlature? Le moment où les acclamations de tous les citoyens nous apprirent qu'il alloit paroître; l'inſtant où le peuple qui l'accompagnoit ſe précipita dans notre ſalle, pour le rétablir affectueuſement au milieu de nous, en criant: « Vive l'aſſemblee nationale », n'ont-ils fait qu'une impreſſion paſſagère?

Ces relations ſi touchantes entre l'aſſemblée nationale & le peuple de Paris, dans la criſe de la révolution, ſont-elles perdues pour l'hiſtoire?

Je ne préſenterai point ici le tableau de la conduite des habitans de cette ville, depuis le mois de juillet 1789. Il n'eſt pas un bon Français qui n'y ait conſtamment applaudi : d'ailleurs , je ne raconte que ce que j'ai vu , & cet écrit n'eſt , en grande partie, qu'une dépoſition de témoins.

Placé dans le comité de ſurveillance depuis ſa formation, & fidèle obſervateur de tout ce qui peut compromettre la tranquillité publique, je révélerai quelque jour des faits importans, dont la publicité ſeroit inutile & peut-être même dangereuſe aujourd'hui ; mais je dois dire ce que je ſais de poſitif à la décharge des pariſiens , ſur les maſſacres du 2 ſeptembre , le vol du garde-meuble , & les brigandages qui ſe ſont exercés depuis la chûte du trône.

Cette ville étoit devenue depuis long-temps le point de réunion de tous les mécontens du royaume, & de toutes les ames vénales que la cour accaparoit avec ſoin, pour frapper un coup liberticide. Ils formoïent un corps de près de trente mille hommes enregiſtrés, ſoldés, diviſés par brigades, & ſous la direction d'un comité central.

La ſuſpenſion du roi , de la liſte civile, & la diſperſion des coriphés de l'ariſtocratie , n'ont pas ſuffi pour opérer une guériſon ſubite & complette de nos maux. Un grand nombre de ces contre - révolutionnaires ſoudoyés , qui ont ſurvécu à l'affaire du 10 août, n'avoient pu s'éloigner de Paris dont on venoit de fermer les barrières. Ils s'y trouvoient à la vérité fans chefs, fans rétributions, fans poffibilité de fe rallier tous pour fe former des plans ; mais leur dénuement abfolu les rendoit encore plus dangereux, leurs phyfionomies étant inconnues, & leur déforganifation ne permettant plus de les anéantir d'un feul coup ; c'étoit un fléau très-redoutable. Ils fe répandent partout avec le mafque du patriotifme, font fermenter tous les germes de troubles, s'agitent dans tous les fens pour les porter à l'excès, dans l'efpoir d'arriver au pillage, & fufcitent des défordres affreux, qui n'étoient véritablement que *la queue de tous les plans de la cour.*

Et, dans cet inftant d'effroi pour toute l'ariftocratie, que de réfolutions défefpérées, que de démarches imprudentes de fa part, ont elles-mêmes concouru à précipiter fes partifans au tombeau ! Je n'en citerai qu'un trait frappant & avéré.

Au moment où l'on apprend que l'on fe porte aux prifons, quelques domeftiques de madame de Lamballe prennent le coftume de ceux que l'on défigne fous le nom de *fans-culottes.* Ils s'arment de piques & de tranchans, fe rendent au lieu de l'attroupement, égorgent de leurs propres mains plufieurs prifonniers, avec des démonftrations exagérées d'une fureur & d'une atrocité qui n'ont pas d'exemples dans la nature, afin d'acquérir un grand crédit dans cette foule homicide, & d'en profiter pour fauver la vie à leur maîtreſſe ; mais tant de crimes ſe trouvent cependant commis en pure perte : leur projet échoue. Il ſe fait dans les lieux où l'on étoit parvenu à cacher cette malheureuſe femme, une immerſion ſubite, inattendue, de mœurtriers inconnus ; elle tombe en des mains cruelles, & périt d'une manière que ma plume ſe refuſe à décrire.

Je ſuis certain que les amis & les domeſtiques de pluſieurs autres détenus, ont également fait jouer les reſſorts d'une politique plus ou moins dangereuſe, qui rompoient toutes les meſures des hommes de bien, & qu'ainſi les ariſtocrates, frappés d'aveuglement en ce déſordre extrême, s'égorgeoient réciproquement au milieu des miſérables forcenés que leurs criminels projets avoient attirés à Paris ; & c'eſt ici le lieu d'obſerver que le maſſacre des priſonniers d'Orléans, s'eſt fait, en grande partie, par des hommes attachés au ſervice de la reine, que l'on a reconnus à la tête de l'attroupement de Verſailles.

Cela donne à tout homme judicieux le ſecret de tant de brigandages & d'événemens malheureux, fauſſement attribués aux Pariſiens qui les ſupportoient avec courage, & qui font enfin parvenus à y mettre un terme.

Et lorfque la France entière doit applaudir au zèle toujours foutenu, toujours éclairé de ces citoyens eftimables ; lorfque l'on devroit s'occuper de faire oublier à ces vertueux confeffeurs de la liberté, les maux qu'ils ont foufferts pour elle, & verfer fur leurs plaies, le baume de la reconnoiffance publique, comment fe fait-il que l'on s'attache à les diffamer ! Pourquoi, depuis fix femaines, ne faifons-nous autre chofe ? Mais, je l'ai déjà dit, l'intérêt & les paffions peuvent feuls porter à dénaturer ainfi les faits.

Les efforts de l'intrigue qui frémit de l'exiftence de Paris, font pour cette ville un nouveau titre à l'eftime des bons françois, une nouvelle raifon pour leurs repréfentans, de fe fixer au milieu d'elle pendant l'exercice de la miffion fublime qui leur eft conférée.

Si la convention, qui doit tout organifer, & dont la marche ne fauroit être trop rapide, veut éclairer la conduite des parifiens, & retourne imprudemment fur fes pas, pour s'engager dans le dédale enfanglanté de la révolution, qu'elle fe garde bien de fuivre le fil trompeur que des ambitieux lui préfentent.

Le paſſé a des témoins vertueux qui diront la vérité devant des juges auſſi intègres que la majorité de nos collègues : elle paroîtra dans tout ſon jour, & ſon triomphe fera le ſupplice de ceux qui vouloient l'obſcurcir.

Cependant, conſommer un temps précieux à la recherche de quelques excès, dans la criſe dont nous ſommes ſortis, c'eſt abandonner la république entière à des brigandages que notre légiſlation proviſoire n'auroit peut-être pas la force de prévenir ou de réprimer.

Plus qu'aucune autre nation connue, la France ſaura ſe maintenir paiſible & ſûre, par le ſeul aſcendant de ſa morale publique ; mais il ne faut pas prolonger une auſſi rude épreuve, & le peuple attend une organiſation que nous ne pouvons différer ſans crime, & ſans encourir une terrible reſponſabilité.

Pénétrons dans l'avenir. Les factieux, qui ne l'enviſagent qu'avec frayeur, veulent le troubler encore, en remuant les cendres du paſſé. Défions-nous des apparences du préſent. Point de déciſions précipitées ſur les événemens du jour. Tant de mouvemens indiſcrets d'une ſection du peuple, ſe trouvent provoqués par ceux mêmes qui les dénoncent. Tant de déclamations philantropiques ſur ces défordres artificiels, ne font qu'un crime de plus dans la bouche des véritables agitateurs, que l'on ne fauroit trop fe prémunir contre les premières impreffions.

Les citoyens de Paris s'exercent en ce moment à la patience. Livrés aux foins de leurs affaires, aux travaux de leur induftrie particulière, & diftribués dans leurs atteliers, ou leurs magafins, ils fe délaffent par la lecture paifible des journaux qui fervent de véhicule au venin de la calomnie que l'on diftille fur eux ; & les murs de leur cité retentiffent de clameurs féditieufes proférées par des bouches étrangères.

Des hommes armés fe portent en foule dans tous les lieux publics, menacent les meilleurs citoyens, & provoquent ouvertement au meurtre de quelques-uns des repréfentans du peuple. Leur accent méridional indique affez les noms de leurs commettans, & l'objet de leur miffion.

Leurs relations avec des hommes en place, ne permettent pas de douter de l'exiftence d'un parti qui prétend dominer par d'autres armes que celles de la raifon.

Tenons-nous en garde contre cette faction puiffante que je crois avoir affez fignalée.

Le temps éclaircira des myftères d'une profonde iniquité.

Que les citoyens reſtent calmes ; que le légiſla-
teur ſoit ferme & circonſpect.

*La ſociété, dans ſa ſéance du 4 novembre 1792,
l'an premier de la république françoiſe, a arrêté
l'impreſſion & l'envoi aux ſociétés affiliées, de ce
diſcours.*

SAINT - ANDRÉ , *préſident.* MOENNE , *vice-
préſident.*

BENTABOLE , ROBESPIERRE , jeune, *députés ;*
LEFORT, DUFOURNY, LAIGNELOT, SIMONNE,
ſecrétaires.

Fin de la première partie.

De l'Imprimerie de L. POTIER DE LILLE, rue
Favart, n°. 5.

Que les citoyens [illegible], [illegible] que la police
[illegible] réclamée & ordonnée.

La part du [illegible] dans [illegible] [illegible]
l'an premier de la république française, à [illegible] unité
l'impression & l'envoi [illegible] à tous [illegible], et ce
distinct.

SAINT-ANDRÉ, président. Michaud, vice-
président.

BENTABOLE, ROEDERER, [illegible] Laine, [illegible] ;
LEROY, DUROY, [illegible] [illegible] [illegible].

[illegible] de la première partie.

De l'Imprimerie de L. POTIER DE LILLE, rue
[illegible] N. [illegible] 5.